ベトナム

JN060743

正式国名

ベトナム
社会主義共和国

面積

33万1236km²

（日本は37万7975km²）

人口

9646万2000人

（日本は1億2602万人）

日本との距離

東京からハノイまで
直線
距離で 約**3660km**

時差

2時間の時差がある。首都ハノイは日本より2時間おそい。日本が昼の12時のとき、ハノイは午前10時。

国旗

赤地の中心に大きな黄色の星がひとつえがかれ、「金星紅旗」とよばれている。赤は自由と独立のために戦ったベトナム人の血、中央の星は社会主義の象徴で5つの光は労働者、農民、知識人、青年、兵士の団結を意味するという。

気候

北部は温暖湿潤気候でゆるやかな四季がある。南部はサバナ気候で雨季と乾季がある。

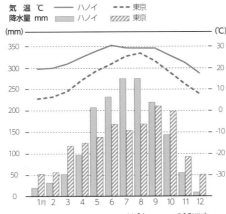

▲ハノイと東京の月別平均気温と降水量。
（※ハノイの降水量は、2017年の観測値）
（『理科年表2020』丸善出版）

ベトナムの世界遺産

ベトナムでは、2019年現在、次の8件の世界遺産が登録されている。

- フエの建造物群
- ハロン湾
- 古都ホイアン
- ミーソン聖域
- フォンニャ・ケバン国立公園
- ハノイ・タンロン王城遺跡中心地区
- ホー王朝の城塞
- チャン・アン複合景観

▲かつてハノイには各ベトナム王朝の城があり、今の国旗掲揚塔は城の監視塔だった。

▲日本との交易拠点としてさかえた港町・ホイアン。今も古いまちなみが残る。

▲ミーソン聖域は古代チャンパ王国の聖地だった。発掘作業には日本も協力している。

ベトナムと周辺の国ぐに

現地取材！ 世界のくらし ⑨

ベトナム

文・写真：小原佐和子　監修：古田元夫

世界遺産のホイアン歴史地区。

現地取材！ 世界のくらし❾

ベトナム

もくじ

● シン・チャオ
おはようございます／
こんにちは／こんばんは

動画が
見られる

ホアタ村の広場で
遊ぶ子ども。

国旗掲揚塔のまわりを散歩
する幼稚園の子どもたち。

お正月は一族が集まって祝う。

日本のまんがを見せて
くれた小学生。

◀こちらのサイトにアクセスすると、本書に掲載していない写真や、関連動画を見ることができます。

ドゥンラム村の「先生の家」。

日本語を勉強している男の子。

モン族のおばあさんと子どもたち。

下校時、たこ焼きの屋台に集まる子どもたち。

自然と気候

細長い多様な地形が広がる国

ベトナム北西部のまちマイチャウ。盆地に水田が、道路ぞいにまちが広がる典型的な北部の農村風景。

■ 南北の距離は1650km

　ベトナムはインドシナ半島の南シナ海側に面した東南アジアの国です。北は中国、北西はラオス、南西はカンボジアに囲まれています。国土は南北に細長く、海岸線は約3260㎞にもなります。

　国土の約80％が山岳地帯で、インドシナ半島でもっとも標高の高いファンシーパン山が北部にあります。農業がさかんで、北部の紅河デルタと南部のメコンデルタとよばれる水田地帯で、ベトナムの米の7割が生産されます。また、海と大きな川のある地形のため水産業も発達し

ています。天然資源も豊富で、石炭の輸出も国の経済をささえています。

　細長い地形であるため、地域によって大きく気候が変化します。北部は温暖湿潤気候、南部はサバナ気候に属します。

　北部はゆるやかな四季があり、冬の12月～2月は気温が10℃近くまで下がることもあります。いちばん暑い夏の6～8月は連日気温が30℃をこえ、40℃近くになる日もあります。南部は5～10月が雨季、11～4月が乾季ですずしい12月でも20℃を下まわることはありません。雨季にはマンゴーシャワー（スコール）とよばれる、はげしい雨が毎日1時間ほど降ります。

▲市場で売られる蓮の実。生や乾燥させたものを食べる。

▲紙幣には蓮をかたどった透かしがある。

▲国花は蓮。ベトナム語では「ホア・セン」。6月から7月が花の見ごろ。ベトナムでは、葉でご飯や食べ物を包み、花はお茶に、実と花のくき、地下茎のレンコンは食用にする。

▲ベトナム民間芸能の水上人形劇で使われていた水牛の人形。水牛は勤勉、がまん強さなどの性質からベトナム人の象徴とされる。

▲5月は米の収穫期。機械は使わず、手でかりとっていた。北部は1年で2回収穫のある2期作、南部では3回収穫する3期作。

▶庭や街路樹には大きな果樹が多い。これはサポジラという熱帯果樹。

5

戦争と分断を乗りこえて

戦争から平和へ

　ベトナムは10世紀に中国から自立し、長い独立の歴史をもつ国ですが、19世紀後半にフランスの植民地になりました。1945年に国の独立を宣言し、1954年までフランスとの間で独立戦争を戦いました。その後ベトナムは、北緯17度線を境に南北に分断され、南ベトナムを支援するアメリカと、統一を求めた北ベトナムと南の反政府勢力との間で、1975年までベトナム戦争とよばれる戦争が続きました。この戦争の犠牲者は、ベトナムだけで300万人をこえます。1976年、南北は統一され、今のベトナム社会主義共和国になりました。

　かつてベトナムでは企業は国営で、個人が自由にお金をかせぎ、財産をもつことを禁止していました。貧富の差をなくし、すべての国民が平等であることが「社会主義」だからです。しかし、1986年に「ドイモイ（刷新）」とよばれる経済活動をさかんにする政策が始まり、個人の財産が制限つきでみとめられるようになりました。民間企業や外国の企業も許可され、経済は急速に発展しています。

◀亡くなってから50年以上たつ今も「ホーおじさん」と国民から愛されるホー・チ・ミン主席。フランスからの独立運動を指導したベトナム建国の父とされ、まちには肖像画や写真がかざられている。学校にも像がよくある。

ベトナム軍の歴史を紹介する、ベトナム軍事歴史博物館。長い戦争によって、平和と独立を勝ちとったベトナムでは軍隊がとても尊敬されている。アメリカ軍によるジャングルへの枯葉剤や除草剤の散布によって、森林破壊は進み、毒物による人体への深刻な影響が現在も続いているという。

首都ハノイ。北のハノイは政治や文化の中心、南のホーチミンは商業の中心といわれる。

54の民族の集合体

ベトナムは人口の約90％弱がキン族です。残りの約10％は、政府がみとめるだけで53もの少数民族で構成される多民族国家です。公用語はベトナム語ですが、それぞれの地域の方言や、独自の言語をもつ民族もいます。

国がみとめる宗教は12あります。国民の約80％が無宗教ですが、仏教や先祖崇拝、儒教、道教がくらしの慣習になっています。

▲宗教施設は以前は政府により活動が制限されていたが、ドイモイで復興した。

ここに注目！

日本より重要とされる「干支」

ベトナムでは干支がとても大切にされています。生まれ年の干支は、性格や運勢、他人との相性の判断に使われます。日本の十二支とのちがいはヒツジがヤギ、イノシシがブタ、ウサギがネコになっているところ。

ブタ年生まれはお金もちになる、とされる縁起をかついだベビーブームが起きます。その学年では学校の教室が足りなくなるそうです。

▲ウシはベトナムでより身近な水牛で表される。

▲ブタは富の象徴とされる。

◀イヌ。自分の干支の置き物をかざる人は多い。

マンションにくらす4人家族

ハノイ市郊外の新興住宅地

　ハノイ中心部から車で南へ約10kmほどの地区にくらす、小学1年生のルゥン・ハイ・ナムさんの家を訪ねました。周囲は建設中のマンションがたくさんある開発中の地域で、そばにはトーリック川が流れます。マンションは14階建てで、ナムさんの家は8階です。1階のエレベーターに乗り、8階へ向かいました。

　うす暗いろうかの真ん中あたりに、明かりのついた部屋があります。鉄格子の開き戸と木製のドアが二重にあって、それが玄関のようです。ドアの前では、ナムさんのお父さんが待っていてくれました。

　ナムさんの家はお父さん、お母さん、同じ系列の中学校に通うお姉さんの4人ぐらしです。お父さんは、ナムさんの通う学校で事務員として働いているので、朝はお父さん、お姉さんの3人いっしょに通学します。お母さんは外国企業系列のスポーツメーカーで働いています。

▲エレベーターは2台。朝のラッシュ時はなかなかこない。

▲鉄格子の開き戸と木のドアのあいだにくつが置かれる。

マンションの共有部分のろうか。玄関からひょっこり顔を出すナムさん。

ナムさんの家族。お父さんが今の学校で働きはじめたことを
きっかけに、学校近くのこのマンションに引っ越した。

マンションの入り口。

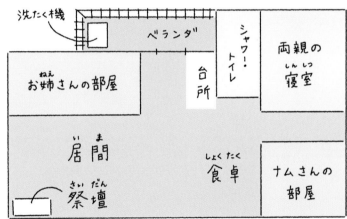

洗たく機

ベランダ

お姉さんの部屋

台所

シャワー・トイレ

両親の寝室

居間

食卓

ナムさんの部屋

祭壇

▲ナムさんの家の周囲に建設中のマンション群。

現代的な家のつくり

住居と習慣②

きれいな台所

　玄関から室内へ入ると、すぐに広い居間です。右側には低いテーブルがあり、ここで床に座ってご飯を食べます。左側にはソファやテレビ、お姉さんの電子ピアノが置かれています。この部屋のすみの壁の高い位置には、先祖と土地の神様をまつる祭壇がありました。

　部屋全体の中心には、台所があります。ナムさんは、朝と昼ご飯は学校で食べます。夕飯は家族そろって家で食べることが多いそうです。

　台所の奥には、ベランダへ通じる窓があります。屋根のあるベランダには洗濯機があって、たくさんの洗濯物が干してありました。

▶ウォーターサーバーと炊飯器。家族4人で約10kgのお米を1か月で食べる。飲用水はウォーターサーバーを利用し、水道水は飲まない。

IHコンロの台所。食器類は、台所の上の棚、なべやフライパンは下の棚にしまってある。シンクの上のふくろの中には、今夜のデザートのパイナップル。

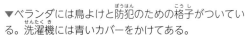

◀ろうかには大きな家族写真。

▼ベランダには鳥よけと防犯のための格子がついている。洗濯機には青いカバーをかけてある。

▲居間。右手にはカラオケセットがある。

▲ご飯は床に座って食べる。ドアのすぐ横の白い棚がくつ箱。

トイレットペーパーの ないトイレ

　バスルームには洗面台、シャワー、トイレがならんでいます。シャワーは毎日浴びます。

　トイレは西洋式の水洗トイレで、便器のわきには小さな小型シャワーがあります。これを使って、おしりを水で洗い流します。ベトナムの排水設備は紙を流せるようには設計されていないので、トイレットペーパーは使いません。商業施設やホテルにはトイレットペーパーが備えつけてあります。この場合、おしりを水で洗い流したあとに使い、紙はトイレ内のごみ箱に捨てます。

バスルーム。湯ぶねはない。

都市の家にも伝統の習慣

人気の観葉植物

　お姉さんとナムさんにはそれぞれの部屋があります。ナムさんの部屋には、大きなベッドと勉強机、学校の授業で使うノートパソコンもあります。

　ベランダでは観葉植物を育てています。ベトナムでは植物が人気で、会社や家、店に花や植物をかざる人が多いそうです。あたたかな気候のため育てやすく、花や植物の値段が手ごろなのも人気の理由です。また、風水（→13ページ）でも植物をかざることに大切な役割があるとされているそうです。

▲ランや観葉植物がならぶベランダ。鳥よけ、防犯用の格子がついている。

▼お姉さんの部屋。

▼ナムさんの部屋。

ナムさんの勉強机。本棚には教科書がいっぱい。

▲ナムさんの家は天井に近い位置に祭壇がある（左）。店では床の上に祭壇を置く（右）。デザインや様式はことなるが、どちらも神様や先祖をまつる祭壇で、中国とベトナムの古くからの信仰がまじりあったもの。

身近にある風水

居間には祭壇（バーントー）があります。中国で生まれた風水とよばれる占いによって、置く場所は決められます。トイレや部屋、植物の配置も風水師にみてもらって決めることがあるそうです。

ナムさんの家の祭壇は、壁の高い位置にありますが、商売をしている家では、祭壇を床に置くことが多いそうです。祭壇には先祖や土地の神様、商売の神様がまつられています。お茶や花、ベトナムの線香を供えます。

屋外でも料理する？

ハノイのまちなかで、道路のわきに七輪を置いて料理する人を見かけました。家の中にも台所があるはずなのになぜ？ ときくと、昔から土間や庭で料理する習慣があるベトナムでは、こうして屋外で料理するのはふつうのことなのだそうです。道路に油がはねたり汚れたりしても、水でさっと流せるので、合理的なんだとか。

▲家の前の線路のすぐそばで、たまご焼きをつくる女性。

ナムさんの1日

ナムさんは朝6時に起きます。まず、歯みがきをして顔を洗い、小学校の制服に着がえます。その日の学校で使う教材を確認してかばんに入れ、歩いて登校します。朝ご飯は学校の食堂で食べます。

授業は7時45分から始まり、午後4時に終わります。夕食までは、ゲームや宿題をします。夜7時30分から、家族とご飯を食べます。その後は、テレビを見たりおやつを食べたりして、夜9時30分にねます。

ナムさんの好きなスポーツはサッカー。サッカー選手にあこがれているそうです。

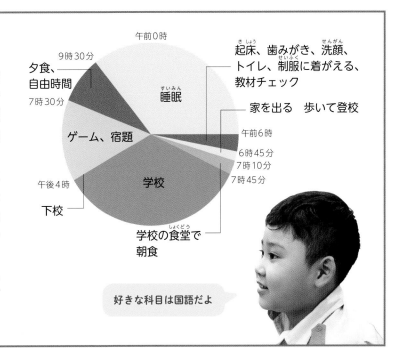

午前0時

9時30分　夕食、自由時間

7時30分

ゲーム、宿題

午後4時

下校

学校

睡眠

起床、歯みがき、洗顔、トイレ、制服に着がえる、教材チェック

家を出る　歩いて登校

午前6時

6時45分

7時10分

7時45分

学校の食堂で朝食

好きな科目は国語だよ

夕ご飯は家族団らんの時間

食文化の中心はお米

ベトナムはお米が主食です。お米、おかず、汁物が盛られた大皿がならび、そこから各自が好きな量をとって、はしやスプーンを使って食べます。おわんはひとつで、日本のように茶わんと汁わんに分けません。ご飯を食べ終わってから、汁をよそって食べるか、ご飯に汁をかけてお茶づけのように食べます。はしは両はしが同じ太さのものが多いようです。

朝食はつくらずに、屋台や食堂で買って家や店で食べるか、通勤通学とちゅうに買います。また、カップめんも朝食の定番です。

南北に長いベトナムでは、それぞれの地域によって食文化もことなります。北部ではあっさりした塩味、中部ではとうがらしのからみがあり、南部はココナッツミルクのあまさがきいた料理が多く見られます。

肉団子のスープ　ふかしたいも　青菜のスープ　数種類のハム　エビ入り揚げ春巻き　マンゴー　白米　ひき肉と野菜のサラダ　あまからいソース

▲ベトナムは、インスタントラーメンの年間個人消費量が世界2位＊。
＊2018年世界ラーメン協会調べ

お皿を口につけて食べるのはマナー違反よ。

夕食は家族で食べる。ご飯はねばりのないパラパラとしたお米なので、お茶づけにすると食べやすい。

▲揚げパンはフォーやおかゆにのせて食べる。

◀ベトナムを代表する米粉のめん料理「フォー」。具材は牛肉、とり肉などにパクチー（香菜）がのる。
この店では、牛肉は、火の通った牛肉（チン）、レアな牛肉（タイ）、肩ばら肉（ナム）などが選べる。

▲▶まちのあちこちにあって、地元のお客さんでにぎわう「クアンコム・ビンザン」。大衆食堂という意味だ。ずらりとならんだベトナムの家庭料理のなかから、好きなおかずを選んで、ご飯と汁物といっしょに食べる。テイクアウトもできる。上の写真は2人前。

ここに注目！

南北での料理法のちがい

米粉をうすくのばしたライスペーパーとよばれる皮でつくる生春巻きは、南部の料理です。北部では生ではなく揚げて食べる揚げ春巻きが定番です。中身の具にもちがいがあります。

▲南部は生春巻き（ゴイ・クオン）。中身はエビ、生野菜、米のめんなど。あまいソースをつけて食べる。

▲北部は揚げ春巻き（チャー・ゾー）。中身はひき肉やきくらげ、野菜、米のめんなど。すっぱいソースにつけて食べる。

歴史が育んだ食文化

食と習慣②

お正月をむかえる料理

旧暦の大みそか（→32ページ）、家庭では神様や先祖のためにたくさんの料理を数日前から準備し、テーブルにならべて1年の感謝を伝えます。深夜0時前に家族は集まり、その年最後の食事を楽しみながら新年をむかえます。食事の時間を大切にするベトナムらしい習慣です。

お正月（テト）には、もち米でつくったちまき「バイン・チュン」を食べます。また、赤がおめでたい色とされていることから、お祝いの席ではスイカも好んで食べるそうです。

◀バイン・チュンは、もち米と緑豆をつぶして粉にしたものとぶた肉をゾンの葉で包んで蒸した正月料理。地方によって形がちがう。

◀大みそか、神様や先祖のためにならべたごちそう。

まちのいたるところにカフェ

フランスによる支配の時代が長く続いたことから、ベトナムではフランスの文化が人びとの生活にも浸透しています。

フランス人によって始められたコーヒー栽培は現在もさかんで、生産量は世界第2位です（2018年）。あまい香りのするベトナムコーヒーをカフェや路上の茶屋でゆっくりと飲む、そんな時間を楽しむ習慣も、支配時代のなごりとして定着しています。どんな小さな田舎のまちにもカフェがある、といわれるほど、カフェ文化はベトナムの一部になっているのです。

また、フランスパンでつくるベトナム風サンドイッチ「バイン・ミー」は、都市部では朝ご飯の定番メニューのひとつです。

ハノイのカフェ。

◀ハノイのオフィス街にも
路上の茶屋はたくさんある。

▲ベトナムでは乾燥させたスイカのたね
をよく食べる。カフェで売られていたり、
家庭でもテーブルの上に置いて、子ども
から大人まで食べている。歯を使い、か
らを割って中身を出すのは、なかなかむ
ずかしい。

▲カフェで水たばこを楽しむおじさん。

◀ベトナムコーヒー。
コップの上にあるフィ
ルターにコーヒーの粉
とお湯を入れて、コー
ヒーがコップに落ちる
まで待つ。コップの底
には練乳があり、よく
まぜて飲む。こくてあ
まい味。

▲バイン・ミーの屋台。ベトナムのファストフードの代表。つくる
より買う方が安いので、朝買いに行く人が多い。

▲バイン・ミーはフランスパンにマーガリンやバター、パテ、野菜、ハ
ーブなどを好みに応じてはさむ。最後にヌオック・マム（魚からつくら
れた調味料）などを好みでかける。

都市で深刻化する渋滞

発達する交通網

　ハノイやホーチミンなどの都市は、連日バイクであふれ、交通渋滞は年ねん深刻化しています。朝の出社時間を、渋滞のために変更するなどの社会問題にまで発展し、また排ガスによる環境汚染も心配されています。

　こうした問題を解決するため、地下鉄や都市鉄道の工事が進んでいます。ハノイとホーチミンを結ぶ南北高速鉄道の計画もあります。

　自家用車以外での市民の足はバス、タクシー、バイクタクシーなどです。スマートフォンを使ってタクシーをよぶ、配車サービスも急速に広まっています。古くから使われていたシクロ（3輪自転車）は、現在ではほとんどが観光用です。また、国内には約11万kmにわたる河川・運河があり、道路とならび水運が輸送に重要な役割を果たしています。

ハノイの朝。クリーム色の制服はベトナム公安省の交通警察官で、交通違反を取りしまる。

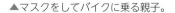

▲マスクをしてバイクに乗る親子。

▲ハノイからホーチミンへ向かう鉄道。住宅街ぎりぎりを走る。

シクロ。自転車のスピードでのんびりまちを
走る。観光客には根強い人気だ。

時代とともに変化する住まい

　都市部では経済発展にともなう人口増加によ
り、住宅が不足し土地や家賃の値上がりが続い
ています。そのため、高層集合住宅の建設や、
郊外の宅地開発が進み、まちの規模がどんどん
拡大しています。

　社会主義国家のベトナムでは、土地は全国民
の所有となり国が管理しています。個人や会社
は、土地を使用する権利の購入がみとめられる
だけなのです。

▲古い集合住宅もまだまだ使われている。奥には建築されたばか
りの高層ビル。

▲密集する建物。かつては建物正面のはばで税金が決まったため、
細く高く建築されたといわれている。

▲地下に大型スーパーのある最新型のマンション。

活気あるまちのいとなみ

地産地消が基本

　ベトナムでは道路交通網が十分に整備されておらず、国内での食品の長距離輸送がむずかしいため、地域でとれたものをその地域で食べる、地産地消が基本です。農業がさかんで、川や海もあることから、新鮮な食べ物が1年を通じて安い価格で売られています。古くからまちにある市場、路上販売や移動販売もさかんです。そのいっぽうで、都市部には大型スーパーやコンビニも進出しています。

　まちなかでは、生地店、食器店、仏具店など、同じ商品をあつかう専門店が、それぞれ同じ地域にかたまってならんでいるのも特徴です。

▲めんを販売する店がずらりとならぶ通り。

▲郊外にできた日系の大型ショッピングモール内のスーパー。

動画が見られる！

ハノイの歴史あるホム市場。1階で食料品や化粧品、2階で生活用品や衣類を販売。

▲天秤棒をかついで歩きながらバナナを販売する女性たち。

▲自転車の移動販売。ぼうしはノンラーとよばれる伝統の編み笠。

▲野菜と果物を売る店。どの店も新鮮で種類が豊富。

国を守る2つの組織

　国を守るのは「人民軍隊」と「人民公安」で、公安は日本の警察に近い組織です。そのなかでもまちで見かけるのは、犯罪を取りしまる緑色の制服の公安と、交通違反を取りしまるクリーム色の制服の交通警察（→18ページ）です。交通量の多いベトナムでは、交通整理や、違反を取りしまる交通警察をよく見かけます。

▲公安省の情報指令センター。

▲日本の国旗がはられたパトカー。日本とベトナムの交通警察官研修強化プロジェクトでおくられたもの。

▲消防車。緊急時の電話番号は「114」。

学校生活①

都市の学校生活

高まる私立学校の人気

　タンロン・インターナショナル・スクールは、ハノイ中心部から10kmほど南下した郊外にあります。幼稚園から高校まである私立の学校で、約2000人の子どもたちが学んでいました。

　月・水・金は制服での登校が義務で、月曜日には朝礼があります。朝礼では、ベトナムの国歌「進軍歌」を全員で歌います。

　1学期は9月第1週から翌年の1月中旬まで、2学期は1月中旬から5月下旬までです。夏休みは3か月ですが、補習の授業やクラブ活動があるので登校します。

　学区制度のないベトナムでは、自由に学校を選びます。都市部では、独自の授業を盛りこんだ私立の学校の人気があります。タンロン・インターナショナル・スクールでは他県からの入学も受けいれているため、通学に1時間以上かかる子どももいます。家族に送りむかえしてもらうか、有料のスクールバスで通学します。

創立は2010年のまだ新しい校舎。

◀学校の正門は守衛さんが警備している。

◀送りむかえの人はIDカードがないと校内に入れない。

▲登下校の時間帯、正門前は送りむかえの人でごったがえす。

▲スクールバスの子どもたち。先生やスタッフが同乗する。

ベトナムの学校制度		入学年のめやす
就学前教育	幼稚園	3歳から5歳まで
初等教育	小学校（1年生から5年生まで）	6歳から11歳まで
中等教育	中学校（6年生から9年生まで）、高校（1年生から3年生まで）	中学校は12歳から15歳、高校は16歳から18歳まで
高等教育	大学（1年生から4年生まで）	19歳以上から

原則として6歳から15歳までの9年間が義務教育とされている。義務教育期間の公立学校の授業料は無料～月11万ベトナム・ドン（日本円で約500円）で、昼食は希望者のみ（有料）。

▲学校の制服と体操着（左）。くつとかばんは自由。

▼日本のランドセルも売られていて、登校に使っている子もいる。

動画が見られる！

インタビュー

校長先生から日本のみなさんへ

こんにちは。私はタンロン・インターナショナル・スクールの校長をしているグエン・ティ・ヒエンといいます。私の学校の生徒は、算数やITや英語が大好きなんですよ。

23

独自授業が人気の私立学校

ナムさんの所属するクラス。先生はパソコンと黒板を使い授業を進める。黒板の上にはホー・チ・ミン主席の肖像画がある。

私立ならではの授業内容

　登校すると、朝ご飯を予約している子は食堂で食べます。食べおえたら教室にもどり、くつをぬいで室内に入ります。先生もくつをぬぎます。上ばきはありません。

　授業は7時45分から始まり、8校時目まで続きます。校内には美術の教室や広い図書館、中庭の運動場にはバスケットボールやサッカーのゴールがあります。

　この学校では公立にはない体験学習をたくさん取りいれています。ベトナムや外国の文化や行事の体験、農業や博物館、美術館での実習もあります。この日も、子どもたちが元気よく農業体験へ出かけました。都市部では少子化が進み、子ども1人に多くの学費をかける親が多いそうです。

▲教室前のげた箱でくつをぬぐ。サンダルで登校し、くつ下をはいていない子も多い。

▲バスで農業体験に出かける子どもたち。

▲図書館で国語の授業をするリェン先生。

▲先生による読みきかせ。小学校の先生はほぼ全員が女性。先生はアオザイ（ベトナムの民族服）の制服を着ている。

◀算数の教科書。ノートには青いボールペンや万年筆を使って記入する。えんぴつ類はあまり使わない。

6年生の時間割	
①7時45分〜8時25分	国旗掲揚
②8時25分〜9時5分	国語
③9時5分〜9時45分	算数
休けい（おやつ）20分	
④10時5分〜10時45分	道徳
⑤10時45分〜11時20分	理科
昼休み（給食）と昼寝2時間20分	
⑥1時40分〜1時20分	英語
⑦2時20分〜3時00分	英語
休けい（おやつ）20分	
⑧3時20分〜4時00分	体育

時間割は曜日によってかわります。ほかにはパソコンやダンス、美術、外国人教師による英語の授業もあります。

▲4年生からは、ベトナムで有名な先生によるダンススポーツの授業がある。

暑い国ならではの習慣

授業にも軍隊式

授業をのぞいてみると、手をあげる時や先生へのあいさつのときに子どもたちが手を組んでいます。これはベトナム式のやり方で、相手に敬意を表しているのだそうです。軍隊の影響ともいわれています。それぞれの先生の指導によって、手の組み方はかわります。

食後には昼寝

午前と午後におやつの時間があります。昼食やおやつは食堂に移動して、クラスでそろって食べます。お昼のあとは、教室で昼寝の時間です。いちばん暑い時間をゆったりとすごすのは、暑い国ならでは。小学4年生からは、男女で教室を分けて昼寝をします。

▲授業中、手をあげるときのポーズ。

▲授業の始まりと終わりのあいさつのポーズ。

給食の時間。「いただきます」のあいさつはなく、各自で食べはじめる。

動画が見られる!

▲教室を移動するときは、手を後ろに組んでならぶ。

▲食事の前後には手をふく。タオルには各自の番号。

▲給食でもご飯にスープをかけて食べる。

▲この日の午後のおやつは春雨のスープ。メニューは日がわり。

昼寝の時間。机をはじによせ、教室でねる。中学校からは休けいの時間になる。

昔ながらの遊びも人気

校庭で元気に遊ぶ幼稚園の子どもたち。

外で元気に遊ぶ子どもたち

　子どもたちは授業が終わると、むかえを待つあいだは校内で自由にすごします。校庭でボール遊びやサッカーをする子、図書室で読書をする子、宿題をする子もいます。ボードゲームやカードゲームも人気があります。

　幼稚園の子どもたちの遊びを見てみましょう。輪になった子どもたちの中心には、目かくしをした子がいます。子どもたちはぐるぐるとまわり、とまります。目かくしをした子が1人の子どもの顔や体をさわり、だれなのか当てます。日本の「かごめかごめ」のようです。

　ハノイでは昔の遊びや文化を伝える団体が、ゲームやあめ細工を教えながら子どもたちと遊んでいました。

動画が見られる！

▲じゃんけんのルールは日本と同じ。かけ声「オワン・トゥ・ティー」で指を出す。チョキはハサミ、グーはハンマー、パーはふくろ。

◀日本のマンガのベトナム語版も人気。放課後にはあちこちでマンガを読む子どもたちがいた。

◀タブレット端末でゲームをする子。スマートフォンやタブレットは、学校内では放課後だけ使っていいことになっている。

▼折り紙をつくってくれた子。

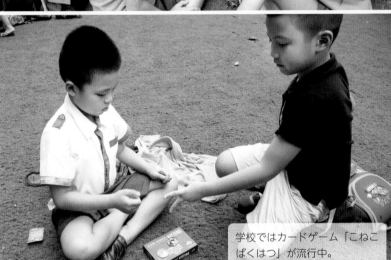

学校ではカードゲーム「こねこばくはつ」が流行中。

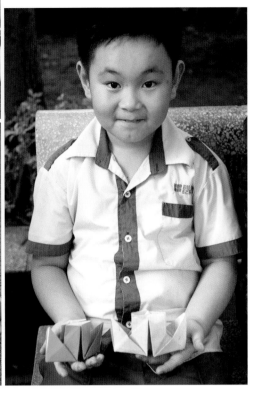

あめ細工の
ベトナム軍人

ハノイのディン・ティエン・ホアン通り。昔ながらの石を使った陣取り遊び「オ・アン・クアン」を遊びながら伝える。

29

生活とともに変化する娯楽（ごらく）

休日のすごし方

　週末の公園はたくさんの人でにぎわいます。ハノイではとくにホアンキエム湖周辺（しゅうへん）が歩行者天国になり、多くの家族づれや若（わか）者（もの）たちが、食べ歩きやイベントなどを楽しみます。自然豊（ゆた）かな農村部への国内旅行も近年は人気です。

　郊外（こうがい）のショッピングモールには商店以外にも、シネコン（複合映画館（ふくごうえいがかん））やフードコートがありたくさんの人が訪（おとず）れます。フィットネスクラブやスケートリンクもあり、習い事のひとつとして、通っている子どもたちもいます。

　道ばたや公園では大人たちが「カートン」とよばれる中国由来の将棋（しょうぎ）の対戦をしています。その目は真剣（しんけん）そのものです。

▲都市から農村部への家族旅行。マイチャウの展望台（てんぼうだい）。

▲歩道でカートン。

ホアンキエム湖に隣接（りんせつ）するリータイトー公園。
李太祖（リータイトー）は1010年にハノイに都を移（うつ）した皇帝（こうてい）。

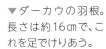

▼ダーカウの羽根。長さは約16㎝で、これを足でけりあう。

▲歩行者天国でダーカウを楽しむ若者たち。どこでも気軽に楽しめるのも、ダーカウの魅力だ。羽根がバドミントンのものに似ていることから、けりバドミントンともよばれる。

健康ブーム

「ダーカウ」は重りのついた羽根をけりあう、ベトナムの伝統的なスポーツです。どのまちでも子どもからお年寄りまで、このスポーツを楽しむ人たちを見かけます。子どもたちにはサッカーが人気で、テレビでは世界じゅうの試合が放送されています。

早朝の公園ではたくさんの市民が集まり、ウォーキングやエアロビクス、サイクリング、筋力トレーニング、バドミントン、社交ダンスなどで汗を流しています。とくに都市部では食の欧米化が進んだことによる肥満や生活習慣病が、社会問題になっています。運動法やサプリメントなど、さまざまな健康法がブームになっているそうです。

▲放課後の学校でサッカーを楽しむ子どもたち。

▲朝6時、ホアンキエム湖周辺は運動する人でいっぱい。

国をあげて祝うお正月テト

■ 親せきが集まる日

　お正月（テト）は旧暦の1月1日で、西暦の1月末～2月中ごろに当たります。ベトナムでいちばん大きな行事で公的機関や商店、学校はお休みになります。

　ダナンに住むトラン一家のお正月におじゃましました。大みそかは朝からお墓まいりに出かけます。たくさんのお墓をそうじして、線香を供えます。家ではごちそうを用意し、旧年の神様を送りだし、新年の神様をむかえます。

　0時をすぎると、お年玉を全員で交換しあいながら新年をお祝いします。その後、近所の仏教のお寺に初もうでに出かけました。

　縁起を大切にするベトナムでは、親せきや家族以外にもお年玉をわたす習慣があります。また、大人から子どもだけでなく、子どもからおじいさんやおばあさんなど、目上の人に感謝をこめてわたすこともあります。この季節にはお年玉ぶくろがたくさん売られています。

　元日は親せきの家をあいさつしてまわります。どの家でもごちそうを用意して待っています。大人は行く先ざきで乾杯のお酒を飲み、子どもたちはお年玉をもらっていました。

▲テトにはキンカンやキクの鉢植えを家にかざる。にぎわう花市場。

▲まちは国旗でかざられ新年をむかえる。

▲大みそかに一族のお墓のそうじをする。

▶テト用のかざりやお年玉ぶくろを売る店がならぶ。

大みそか、親せきが集まるトラン一家。

▲0時をまわり、新しい年の神様をむかえる。

◀▲お年玉ぶくろの中には2万〜10万ドン（約100〜500円）が入っている。

結婚式、お葬式

占いで決まる日どり

結婚式は、都市部では式場やホテルでおこなうのが主流になっています。結婚が決まると、挙式の日を占い師に相談することも多く、旧暦の縁起の良い日が選ばれます。

招待客は式場に着くと、新郎と新婦にあいさつをします。このとき新婦から、キンマという口に入れてかむと歯が黒くなる葉をわたされます。封筒に入れた祝いのお金を受付のポストに入れ、席に着いて食事を楽しみます。

お葬式は亡くなった人の宗教によって、形式はことなります。ベトナムに多い仏教系では、田舎は自宅で、都会は斎場でお葬式をおこないます。黒や地味な色の服で参列し、頭に白い布をまいているのは、亡くなった人の親せきです。香典（死者に供えるお金）には、おめでたい色とされる赤と金色が使われたお札は入れません。封筒も赤と金はお年玉ぶくろに使うものとされ、お葬式ではさけます。

▲ハノイの現代的な結婚式場。

▲結婚式へ向かう新郎新婦の車。花でかざってある。

ベトナム北西部のホアビン省での結婚式。新婦が手にしているのがキンマ。歯を黒くするのは結婚している人や成人の証であり、古くから冠婚葬祭や儀式ではきれいにかざりつけられたキンマを供える。

▲葬式をおこなう斎場の入り口。この奥に祭壇と遺体、写真などがある。日本と同じように、線香を供える。

▼斎場の近くには、花輪をつくる店がならぶ。

▲ハノイにある斎場。

▲亡くなった人の親せきは頭に白い布をまいて参列する。白い服をあわせて着ることもある。

ここに注目！

ベトナムの伝統衣装　アオザイ

　正装の民族服はアオザイです。両わきに長いスリットの入った細身のドレスに、長ズボンを組みあわせた衣装で、女性用だけでなく男性用もあります。

　アオザイを制服として採用している学校や職場もあります。また、卒業式や結婚式で着用する女性も多いそうです。

　一時は見かけることが少なくなったアオザイですが、ドイモイ（→6ページ）のなかで、伝統文化の見直しが進み、再評価されました。

▲生地店で展示されている見本。好きな生地を買い、体型にあわせて仕立ててもらう。現代的なデザインのものも人気だ。

保存されるまちなみとくらし

「先生の家」の主屋。大きな柱がいくつもたっている。

▲れんがづくりの門。ベトナムで漢字が使われていた時代の建築で、門の上には漢字で家の名前が記されている。

▲部屋の敷居がひざの高さまである。床はれんがでひんやりとしている。室内でもくつをはいたまますごす。

■ ベトナムのもっとも古い村

ハノイから西へ50kmほどのドゥンラム村は、昔ながらの農村部のくらしと景観が残っています。農業と茶の栽培、みそづくりがおもな産業で、2005年には村全体がベトナムの農村地域ではじめての国家文化財に指定されました。現在、保存や管理の計画が進んでいます。観光客は集落に入るときに入場料をはらいます。

築約390年のランさんの家は「先生の家」とよばれ、この地域に残された古い18の建物のなかのひとつです。

家はれんがの壁で囲まれています。門をくぐると広い中庭があり、奥に主屋とよばれる家屋があります。中心には祭壇があり、右が寝室、左が居間です。居間の奥には井戸、台所、シャワー、トイレがありました。台所はガスこんろも使えるように整備されていました。

家の中心にある大きな祭壇。
先祖をまつっている。

▲主屋に付属してつくられた部屋には井戸、台所、トイレ、シャワーがある。
井戸はおもにそうじや洗濯に使い、飲用水はウォーターサーバーを利用する。

▲家では建物の形は昔のままだが、くらしやすくするため温
水シャワーと水洗トイレにつくりかえていた。

◀ベトナムのほとんどの村には中
心的な集会所「ディン」がある。
村の象徴だ。

みがかれる地域の伝統と技

くらしの多様性②

伝統の陶磁器の村

ハノイから10kmほど南東にあるバッチャン村は、陶磁器の産地として有名です。かつてはれんがづくりでさかえ、集落にはれんがの壁が今でもたくさん残っています。陶器づくりは15世紀ころから始まり、今も村の人口の約90％が生産にたずさわっています。

かつては、村のそばを流れるホン川から、多くの陶器が船にのせられ、ヨーロッパやアジア、日本へ輸出されました。

日本との関係は古く、17世紀にベトナムで活躍した日本人貿易商の孫娘がバッチャンの人と結婚した記録が残っています。また、日本の大名や商人が使う茶器（茶道の茶わんなど）をここでつくり、輸出したそうです。

▲バッチャン焼きのティーセット。ベトナム国花の蓮がえがかれたものは、観光客にとても人気がある。

◀トンボの絵柄。古い絵柄のひとつで、日本の茶道で使われたものが、現地に定着したという。

バッチャン焼きの大きな工房。海外からの注文も多く、観光地にもなっている。

▲火の入った大きなガスの窯。これで陶磁器を焼く。

▲背たけほどのサイズがある大きなつぼの絵つけ。

▲ホン川。今もベトナムでは水上輸送がさかん。

▲窯焼きの燃料にする泥炭を、路地の壁にはりつけて干す。

日本が支援する少数民族手工芸

ベトナム中部の山岳少数民族カトゥー族の伝統織物を活用した観光開発事業に、日本の公益財団法人国際開発救援財団（FIDR）が2001年から継続して取り組んでいます。カトゥー族の人たちが安定した収入をえるために地域に伝わる伝統織物を活用し、販売することで生活の向上や文化の保護、さらに民族としての誇りをもつきっかけになっています。「少数民族女性による織物協同組合」も結成されました。2016年からは、地域の人たちを中心に新たな観光事業も始まりました。地域開発のモデルとなるよう、持続的な活動が期待されています。

▲カトゥー織に取り組む女性たち。クァンナム省ナムザン郡は、全人口の8割以上がカトゥー族だ。提供：FIDR

◀生産される手工芸品は評価が高く、外国企業との取引も検討されている。

少数民族の文化を観光に

くらしを豊かなものに

ホアタ村は、ハノイから北西に約200kmはなれたモクチャウ高原にある、山岳少数民族のモン族が住む村です。160世帯770人がくらしています。村では自分たちで食べるための農作物の栽培を中心に、輸出用のスモモやパッションフルーツも栽培しています。

小学校ではとなり村からの通学もふくめて83人の少数民族の子どもが勉強しています。貧しい家の子は家事や農作業、子守などの家の手伝いで通学できません。とくに何事も女性より男性が優先される風習があり、女の子はなかなか学校に通えないそうです。

この村に住むアチュさんは、村のくらしをよりよくするため、民宿をつくって観光客の受けいれを始めました。最初は反対する人もいましたが、観光客への食事の材料を村で買い、伝統工芸品の販売もして、村全体に利益が生まれるようにしました。今では民宿は6つにふえ、村の活性化に役だっています。

アチュさんは、村がもっと豊かになり、少数民族の女性や子どもたちも勉強できるようなくらしになってほしいと願っています。

▼水牛は家族同然の存在で、こうして散歩させる。

▼お手伝いの子ども。収穫した野菜をはこぶ。

村では急斜面を耕してトウモロコシを栽培している。

▼アチュさんと奥さん。アチュさんの着ている民族衣装は奥さんの手づくり。

▲村の祈禱師（きとうし）の男性（だんせい）と家族。モン族（みんぞく）の民族衣装（いしょう）を着ている。

動画が見られる！

▲広場で昔ながらの遊び「コーフム」。石を使ったボードゲームだ。

▲村の小学校。授業料（じゅぎょうりょう）は無料で、制服（せいふく）はない。

▲家の祭壇（さいだん）。手すき紙を自分で切り模様（もよう）をつくる。

▲まきで調理。プロパンガスのこんろもある。

インタビュー

村で教えるフォン先生

　ホアタ村の幼稚園（ようちえん）と小学校で教えています。私はキン族です。この村では家で少数民族の言葉を使うことから、ベトナム語が得意でない子どもたちもいますので、とくによく教えています。

　少数民族の約20％、とくに女の子が義務教育（ぎむきょういく）を受けていないといわれています。両親が出かせぎに出ていることで学校にこられない子もいます。各家庭を訪問（ほうもん）して、子どもたちが教育を受けられるよう、サポートしています。

▶グェン・ティ・フォン先生

持続可能な社会へ向けて

SDGsとくらし

世界遺産を守るプロジェクト

クアンニン省はユネスコの世界自然遺産に登録されたハロン湾がある天然資源の豊富な場所です。周辺での急激な開発によって、産業や生活の排水が海に流れ、水質汚染が進みました。そこでベトナムは、水質を改善しながら観光業も同時に発展させるグリーン成長政策をかかげ、実現のための協力を日本の国際協力機構（JICA）に要請しました。計画の実現には、専門技術で開発を支援する会社の日本工営が協力しています。

環境保護と観光業の両立は、日本の琵琶湖（滋賀県）がモデルになりました。水質の改善に始まり、観光業の促進、環境を保護するための法制度や仕組みづくりの助言や教育がおこなわれました。こうした取り組みのなかで、ハロン湾を運航する観光船の約30せきが、環境にやさしい29基準を満たす船へとかわりました。

ハロン湾の環境整備は1998年から始められ、20年以上の協力関係があります。両国間の協力関係は官民をこえて続いているのです。

1994年に自然遺産として登録されたハロン湾。提供：日本工営

▼環境にやさしい観光船には「ブルーセイル認証」がついている。
提供：日本工営

◀プロジェクトの説明をする日本工営の井上憲彦さん。
日本工営は1956年からベトナムでの支援活動をスタートさせ、60年以上の実績がある。

▶ハロン湾で運航する観光船。
提供：日本工営

▲埼玉県の県環境部や廃棄物業者が、日本の建設廃棄物のリサイクルの取り組みを伝えるワークショップをハノイ市で開催。

▶道に不法投棄された建設廃棄物。

ベトナム－日本の協力でごみの地産地消をめざす

　ごみの増加による環境汚染は世界じゅうの問題です。ベトナムでも経済や社会の発展にともない、ごみがふえ続けています。

　ビルや住宅の建築と解体にともなう、建設廃棄物もふえています。廃棄物の多くはごみ捨て場にうめられたり、空き地や道に不法投棄されたりしています。

　ハノイでは、分別とリサイクルによってごみの量をへらす取り組みが始まっています。限りある資源をどのように活用するのか、ベトナムと日本の大学などが協力し、リサイクルの技術向上の計画が進みます。ごみの地産地消をかかげ、2025年までに建設廃棄物のリサイクル率を50%以上にするのが目標です。

まずは意識改革を！

　天然資源の豊富なベトナムでは、リサイクルの取り組みはまだまだこれからです。日本の経験や情報を両国で共有して、ベトナムでも運用しやすい形のリサイクルを実現したいと計画しています。まずはリサイクルしよう、再生しよう、ごみに役割をあたえよう、という意識改革から始めます。

◀ワークショップで発言する、プロジェクトリーダーの埼玉大学の川本健先生。

進む日本との友好関係

注目された日本の母子手帳

　ベトナム国内の赤ちゃんや子ども、妊娠中の母親の死亡率は改善されてきましたが、貧しい家庭や地方住民、少数民族への支援はまだ行きとどいておらず、地域格差が生まれています。

　かつて、ベトナムの一部の地域で日本のNGOが現地の母子健康手帳をつくる支援をして、成果をあげました。妊娠から出産、乳幼児の健康状態やワクチン接種の記録などを継続して観察

することができるからです。この取り組みを参考に、ベトナム保健省とJICAが協力し2011年から3年間「母子健康手帳全国展開プロジェクト」が実行されました。現在も全国展開に向けた活動が継続されています。

日本によるベトナム支配と戦後支援

　ベトナムがフランスの植民地だった1940年、第2次世界大戦中の日本は北部ベトナムに軍を進駐させます。翌41年には南部にも進駐させ、ベトナム全土を軍の統制下にしました。ベトナムはフランスと日本の二重支配を受けました。1945年には天候不順による飢きんと、日本軍による強制的な食料供出があって、北部を中心に200万人といわれる死者が出ました。

　いっぽう、日本の敗戦後ベトナムに残った日本兵約600名が、フランスに対する独立戦争に参加し戦いました。それが今日の親日感情につながっているともいわれています。

　1959年、日本のベトナム支配へのつぐないを意味する、賠償協定が結ばれました。

▲母子手帳を手にするJICAスタッフ、ホアさん。内容は日本のものを基本にベトナム用に修正されている。ベトナム語が読めない母親もいることから、イラストを使うなどの工夫がされている。

ここに注目！

日本人カメラマンの写真が切手に！

　日本人の報道写真家・石川文洋さんが1973年に撮影したボー・グエン・ザップ将軍（1911～2013年）の写真が、ベトナムの記念切手になりました。ベトナム人民軍を指揮し、ベトナムの勝利と今日の平和に貢献したザップ将軍は、人びとから尊敬されています。

　石川さんはベトナム戦争に従軍取材し、数多くの写真を撮影しました。ホーチミン市の戦争証跡博物館には、石川さんの写真約150点が常設展示されています。戦争の悲惨さをうったえるこの博物館には、世界じゅうからたくさんの人びとが訪れています。

日本をささえるベトナムの力

　ベトナムにおける日本への親近感は、2011年の東日本大震災に多くの人びとによる熱心な寄付が集まったことにも表れています。日本食や日本企業はベトナム文化の一部として、すでに受けいれられています。

　日本とベトナムの関係は年ねん深まっています。2016年には日本の協力により、日越大学がハノイに開校しました。必須科目に日本語教育が取りいれられ、日本やベトナムの日系企業で活躍する人材の育成が期待されています。

　外国人技能実習生として日本で働くベトナム人は8万人以上で、日本社会をささえる力の一部になっています。ところが、近年は悪い労働環境や低い賃金の問題が明らかになっています。両国の将来のためにも、早急な制度の見直しが望まれています。

▲日越大学は桜と蓮の校章。提供：Vietnam Japan University

▲日越大学の授業風景。提供：MORE Production Vietnam

▲郊外にできた日系の大型ショッピングモール。

▲ハノイ市内のスーパーでは、にぎり寿司も売られている。

難民から日本定住へ

　ベトナム戦争前後、内戦を逃れ難民となったラオス、ベトナム、カンボジアの人たちがいました。日本はベトナムから8000人以上の人びとを受けいれ、今では難民3世も生まれています。そうした人たちが多く住む地域では、生活習慣や文化のちがいをたがいに理解しあう交流事業に取り組んでいます。また、日本語教室や学校に通う子どもたちへの学習支援などもおこなわれています。

▲神奈川県営いちょう団地には多くの外国人がくらす。看板は6か国語表記。

ベトナム基本データ

正式国名

ベトナム
社会主義共和国

首都

ハノイ

言語

公用語はベトナム語。かつての支配国の言葉である英語、フランス語、中国語、また少数民族言語（タイー語、ターイ語、ムオン語、クメール語）も使用される。

民族

ベトナム人（キン族）が85.7％、ほかにタイー族、ターイ族など国家が公認しているだけで53の少数民族がいる。

宗教

無宗教が約82％と大部分をしめるが宗教的な縁起はかつぐ。仏教7.9％、キリスト教（カトリック）6.6％、ホアハオ教1.7％、カオダイ教0.9％。

▲ダナン大聖堂はフランスによる支配の時代に建てられたカトリック教会。

通貨

通貨単位はドン（VND）。1ドンは約0.0047円（2020年1月現在）。紙幣は50万、20万、10万、5万、2万、1万、5000、2000、1000、500、200、100ドン。硬貨は5000、2000、1000、500、200ドン。

見本　見本

▲2020年現在、ベトナムで使われている紙幣の一部。硬貨と200、100ドン紙幣はほとんど流通していない。

政治

社会主義共和国で、共産党の一党独裁体制である。元首は国家主席だが、共産党書記長の方が序列は上になる。1986年よりドイモイ（刷新）政策が開始、市場経済システムの導入と対外開放化が進む。2013年には、憲法改正など民主的要素を取りいれた動きもある。

情報

テレビは国営のVTVをはじめ38局。ラジオは国営放送のみ。ベトナム語や英語のほか、少数民族の8つの言語で放送する局もある。おもな新聞はベトナム語の「ニャンザン」「ハノイモイ」、英語の「ベトナムニュース」など。

産業

第2次・3次産業が急成長し、とくに観光業が躍進している。豊富な鉱産資源は北部に集中し、石炭と石油がある。おもな工業は繊維産業。2007年にWTO（世界貿易機関）に加盟した。

貿易

輸出総額 1766億ドル（2018年）
おもな輸出品は機械類、衣類、はき物など。おもな輸出先はアメリカ、中国、日本など。

輸入総額 1743億ドル（2018年）
おもな輸入品は機械類、繊維と織物、鉄鋼など。おもな輸入先は中国、韓国、日本など。

日本への輸出 2兆3341億円（2018年）
おもな輸出品は電気機器、衣類と付属品、一般機械など。

日本からの輸入 1兆8142億円（2018年）
おもな輸入品は電気機器、一般機械、鉄鋼など。

軍事

人民軍 48万2000人（2019年）
男性は徴兵があり期間は2年。国家主席が人民軍の統帥権をもつ。

▲ハノイ市内にある国会議事堂。

ベトナム誕生前夜

　ベトナムで出土した最古の石器は約30万年前の前期旧石器時代のものである。紀元前2000年ごろから前100年の青銅器文化の遺跡は北部のホン川流域で発見されている。前111年より中国（漢）の支配が約1000年続いた。チャム人の国、チャンパは192年に今のフエ地方に誕生し貿易で繁栄したが、1471年以降衰退した。

　939年、呉権が南漢軍を破り国が解放された。11世紀から李朝、陳朝、胡朝と400年引きつがれるが、中国（明）に再び支配される。15世紀に独立戦争に勝利して黎朝が成立した。16世紀、抗争により再び南北に分裂するが、19世紀に阮福暎嘉隆帝が統一、中国（清）から「越南」の国名をあたえられた。

▲ 1593年、ホイアンにつくられた日本橋（来遠橋）。

植民地の時代

　1858年フランスがベトナムに侵攻し、1887年にはインドシナ連邦を建てて、ベトナムとカンボジア、のちにラオスも支配した。

　第2次世界大戦期、フランスがドイツに敗れると日本のベトナム進駐が始まり、日本とフランスによる二重支配を受けた。ベトナム独立同盟（ベトミン）が設立され、反植民地・反日運動を展開。日本敗戦直後の1945年8月、ベトミンは蜂起し8月革命が起きた。9月

▲建国の父ホー・チ・ミン。

2日、ホー・チ・ミンがベトナム民主共和国の独立を宣言した。連合軍は北に中国、南にイギリスを進駐させた。

　1946年、北に復帰したフランスに対抗してインドシナ戦争が起こる。フランス支援によるベトナム国と、中国とソ連（現在のロシアを中心とする社会主義国）の支援するベトミン政府が対立した。1954年にジュネーブ休戦協定が結ばれ、北緯17度線を軍事境界線にして南北が分断された。

ベトナム戦争へ

　北ベトナムでは社会主義国家建設が進み、南ベトナムではアメリカ支援のベトナム共和国（サイゴン政権）が樹立された。南のサイゴン政権による旧ベトミン勢力の弾圧に対し、1960年に反政府勢力の南ベトナム解放民族戦線が結成された。政権との内戦に発展し、南ベトナムを支援するアメリカによる軍事介入が始まった。1964年には、アメリカ軍が北ベトナム軍の攻撃を受けたようによそおったトンキン湾事件を機に北ベトナムに対する報復の空爆が開始され、戦争は泥沼化した。1973年、パリ協定が締結されアメリカ軍は撤退した。しかし南ベトナムの内戦は続き、1975年のサイゴン政権の崩壊で戦争は終わった。1976年、ベトナム社会主義共和国として南北は統一された。抗米戦争による死者はベトナムだけで300万人をこえるといわれている。

　1978年、ベトナム軍のカンボジア侵攻により国際的に一時孤立した。経済の低迷が続いたが、1986年の共産党大会でドイモイ（刷新）が提起され、経済面での市場原理の導入と対外開放が進んだ。これにより1990年代以降、順調な経済発展をとげている。

▲ホー・チ・ミン廟。

さくいん

取材を終えて　　小原佐和子

ハノイのベトナム軍事歴史博物館には、戦争によって破壊された武器や戦車などが山のように積みあげられた大きなオブジェが展示されています。それは廃墟のようなすがたで、戦争によって荒廃したベトナムを象徴するかのようでした。また、戦争で9人の子どもと1人の孫を失ったおばあさんの胸像もありました。その表情は悲しみと絶望にあふれ、戦争は悲惨な現実しか残さない、そううったえているように感じました。

戦争の終結から45年がたちます。しかし、地雷や不発弾による被害は今も続き、取材中にも不発弾の処理を伝えるニュースを目にしました。アメリカ軍が森にまいた枯葉剤による先天性の病気や障害をかかえる人たちもいます。戦いの傷あとが消えることはありません。

ベトナムではベトナム戦争をアメリカからの「救国戦争」とよぶそうです。大国から独立と自由を勝ちとった国への誇りは、特別なものでした。戦争の復興から始まり、さらなる発展が続くベトナムを支援する人たちもその思いを共有していました。それはベトナム人、日本人という枠をこえたものでした。国やまちは人がつくる、このあたりまえのことをベトナムで教えられました。

今、外国人留学生や技能実習生たちへの労働問題がある

▲神奈川県にくらすホーチミン出身のレさん。働きながら日本語能力試験をめざし勉強している。

とを絶ちません。彼らの日本でのくらしと学びが豊かなものになるよう、改善されなければなりません。外国人や日本人という国籍や民族の枠をこえて、それぞれが個性をもったまま、平等にくらせる社会であってほしいと願っています。

ハノイの勝恵美さんと仲間たちは、日本の絵本や紙芝居をベトナムの子どもたちに伝える社会活動をしています。ベトナムと日本をつなぐ、新たなかけ橋です。ベトナムの絵本を、日本の子どもたちが読む日がくるのかもしれません。とても楽しみです。

●監修
古田元夫（日越大学学長）

●写真提供
公益財団法人国際開発救援財団（P39：中左）
日本工営株式会社（P42：中、右上、右下）
MORE Production Vietnam（P45：右上）
Vietnam Japan University（P45：左上）

●取材協力（順不同・敬称略）
石川文洋／井上憲彦／大越龍馬／大槻修子／勝恵美／カフェ・マルガパーネ／川本健／西野範子／八木規子／渡邉康孝／Chu Xuan Hoa／FIDR／JICA／MORE Production Vietnam／Tran A Chu／Tran Thi Ngoc Hoa

●参考文献
石川文洋『戦場カメラマン』（朝日新聞出版）
今井昭夫、岩井美佐紀・編著『現代ベトナムを知るための60章 第2版』（明石書店）
小倉貞男『物語ヴェトナムの歴史』（中央公論新社）
川越道子『ベトナム「おかげさま」留学記』（風響社）
辻原康夫・編著『世界の国旗大百科 全672旗』（人文社）
西村昌也編『東アジアの茶飲文化と茶業』（関西大学文化交渉学教育研究拠点）
古田元夫『ベトナムの基礎知識』（めこん）
劉建輝・編『日越交流における歴史、社会、文化の諸課題』（国際日本文化研究センター）
『データブック オブ・ザ・ワールド 2020』（二宮書店）
『日本建築学会計画系論文集 第80巻 第711号』（一般社団法人日本建築学会）
『ビナBOO』2017年2月号（Lai Vien Co.,Ltd）

●地図：株式会社平凡社地図出版
●校正：株式会社鷗来堂
●デザイン：株式会社クラップス（佐藤かおり、神田真里菜）

現地取材！　世界のくらし9

ベトナム

発行　　2020年4月　第1刷

文・写真　：小原佐和子（おばら さわこ）
監修　　　：古田元夫（ふるた もとお）
発行者　　：千葉均
編集　　　：浦野由美子
発行所　　：株式会社ポプラ社
〒102-8519　東京都千代田区麹町4-2-6
電話：（編集）03-5877-8113
　　　（営業）03-5877-8109
ホームページ：www.poplar.co.jp
印刷・製本：凸版印刷株式会社

©Sawako Obara 2020 Printed in Japan
ISBN978-4-591-16529-4
N.D.C.292/48P/29cm

現地取材！ 世界のくらし

Aセット 全5巻（**1**〜**5**）

Bセット 全5巻（**6**〜**10**）

続刊も
毎年度
刊行予定！

- 小学高学年〜中学向き
- オールカラー
- A4変型判　各48ページ
- 図書館用特別堅牢製本図書